HIRAGANA

	A	I	U	E	O
	あ	い	う	え	お
K	か	き	く	け	こ
T	た	ち	つ	て	と
S	さ	し	す	せ	そ
R	ら	り	る	れ	ろ
M	ま	み	む	め	も
N	な	に	ぬ	ね	の
H	は	ひ	ふ	へ	ほ
Y	や		ゆ		よ
W	わ				を
N			ん		

HIRAGANA

AIUEO

あ
い
う
え
お

KA KI KU KE KO

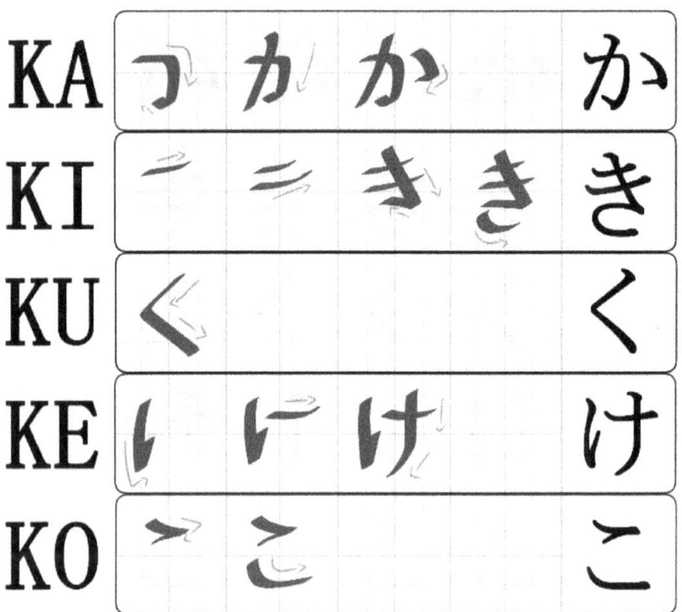

KA	か
KI	き
KU	く
KE	け
KO	こ

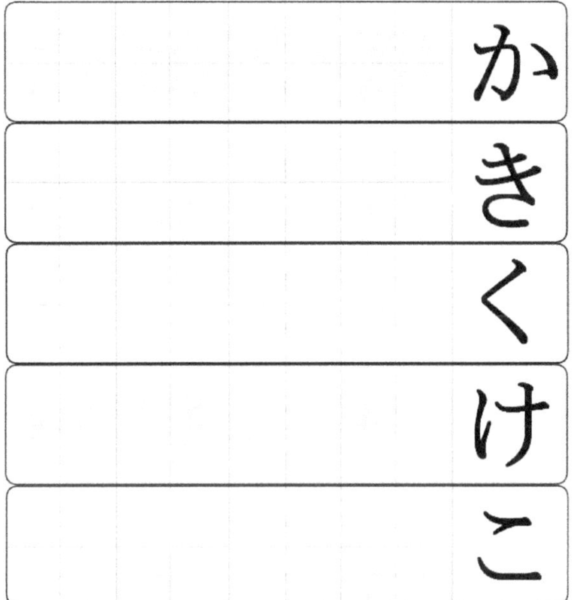
か
き
く
け
こ

TA CHI TSU TE TO

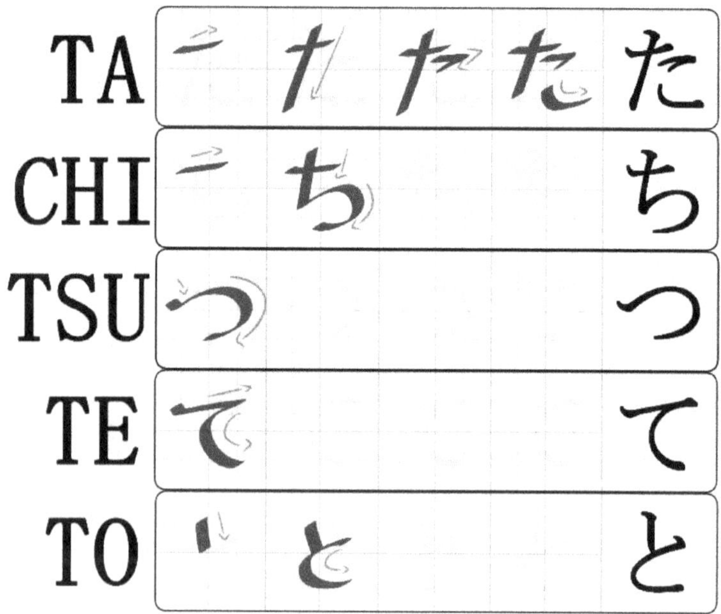

TA		た
CHI		ち
TSU		つ
TE		て
TO		と

DA	JI	DZU	DE	DO
だ	ぢ	づ	で	ど

た
ち
つ
て
と

SA SHI SU SE SO

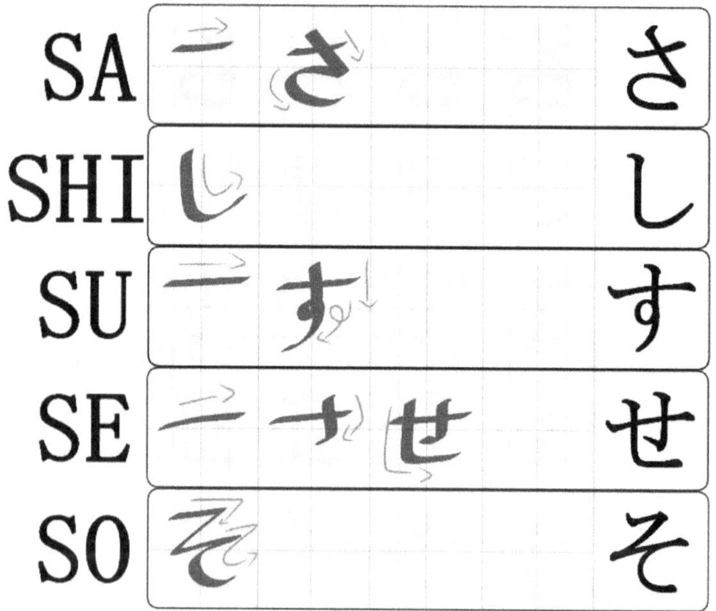

SA		さ
SHI		し
SU		す
SE		せ
SO		そ

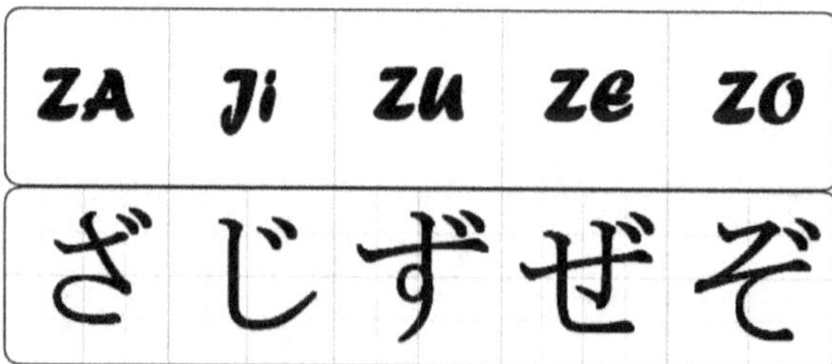

ZA	JI	ZU	ZE	ZO
ざ	じ	ず	ぜ	ぞ

さ

し

す

せ

そ

RA RI RU RE RO

RA	ら	ら
RI	り	り
RU	る	る
RE	れ	れ
RO	ろ	ろ

ら
り
る
れ
ろ

MA MI MU ME MO

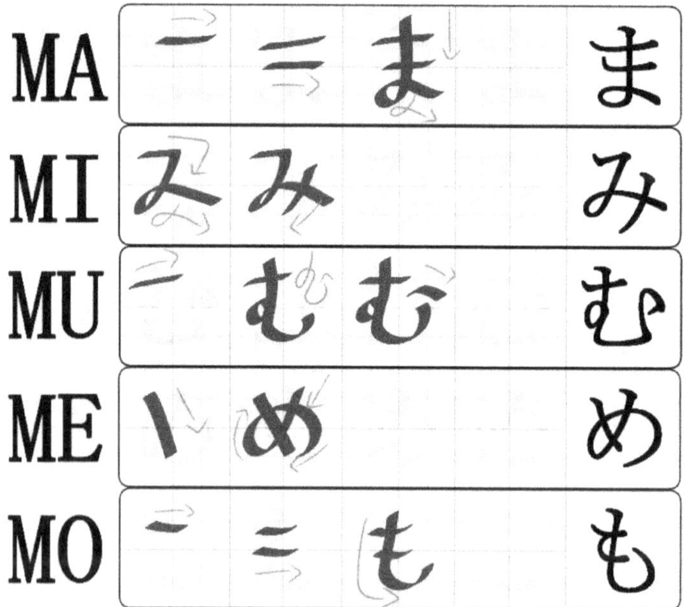

MA				ま
MI				み
MU				む
ME				め
MO				も

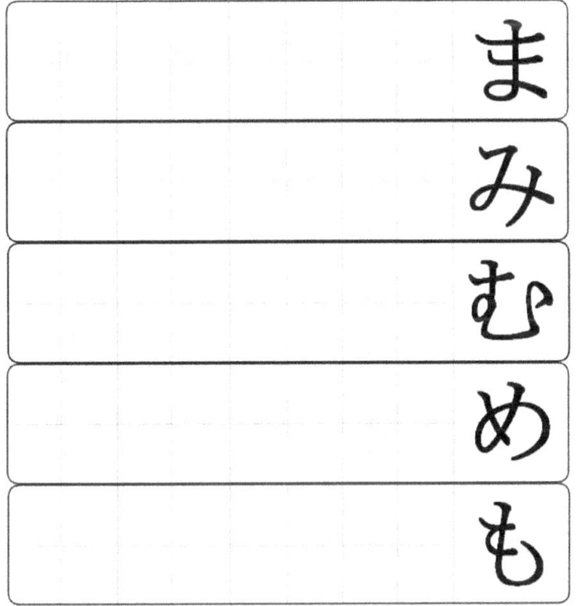
ま
み
む
め
も

NA NI NU NE NO

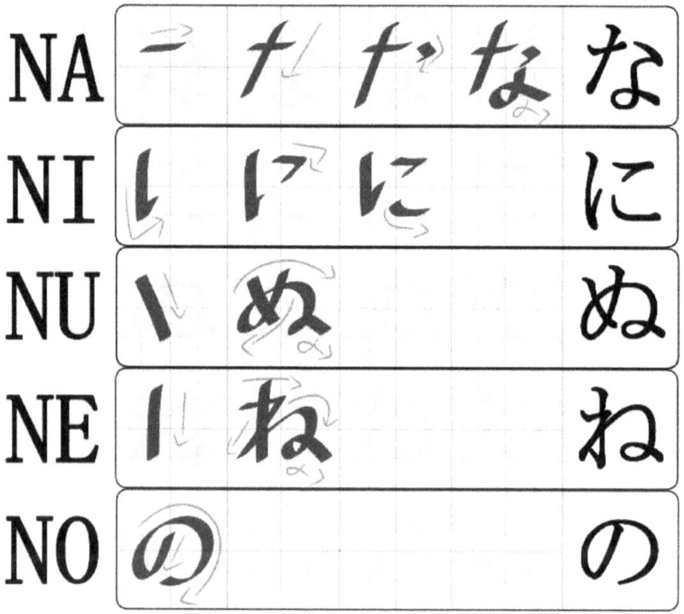

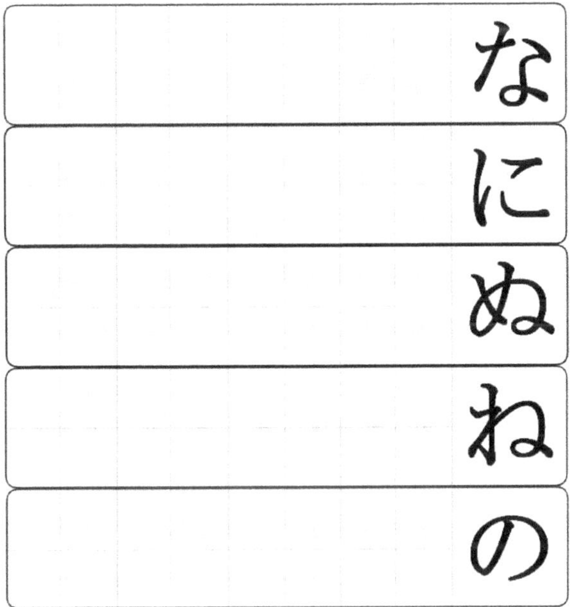

HA HI FU HE HO

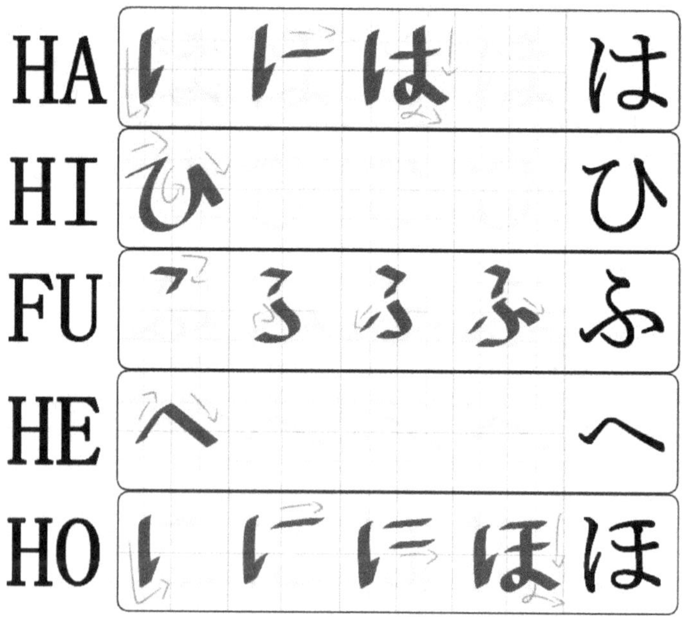

BA	Bi	BU	BE	BO
ば	び	ぶ	べ	ぼ
PA	Pi	PU	PE	PO
ぱ	ぴ	ぷ	ぺ	ぽ

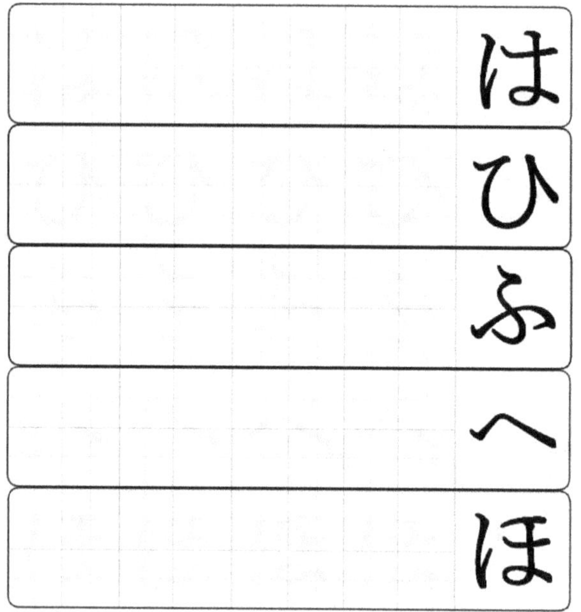
は
ひ
ふ
へ
ほ

WA WO YA YU YO N

WA	わ	わ
WO	を	を
YA	や	や
YU	ゆ	ゆ
YO	よ	よ

N	ん	ん

わ
を
や
ゆ
よ

ん

	A	I	U	E	O
	ア	イ	ウ	エ	オ
K	カ	キ	ク	け	コ
T	タ	チ	ツ	テ	ト
S	サ	シ	ス	セ	ソ
R	ラ	リ	ル	レ	ロ
M	マ	ミ	ム	メ	モ
N	ナ	ニ	ヌ	ネ	ノ
H	ハ	ヒ	フ	ヘ	ホ
Y	ヤ		ユ		ヨ
W	ワ				ヲ
N			ン		

KATAKANA

KATAKANA

AIUEO

A	ア
I	イ
U	ウ
E	エ
O	オ

ア

イ

ウ

エ

オ

KA KI KU KE KO

	Practice	KA row
KA	コ カ	カ
KI	ニ キ	キ
KU	ノ ク	ク
KE	ノ ト ケ	ケ
KO	フ コ	コ

GA	GI	GU	GE	GO
ガ	ギ	グ	ゲ	ゴ

カ

キ

ク

ケ

コ

TA CHI TSU TE TO

TA	ノ	ク	タ		タ
CHI	`	=	チ		チ
TSU	`	`	ツ		ツ
TE	`	=	テ		テ
TO	l	ト			ト

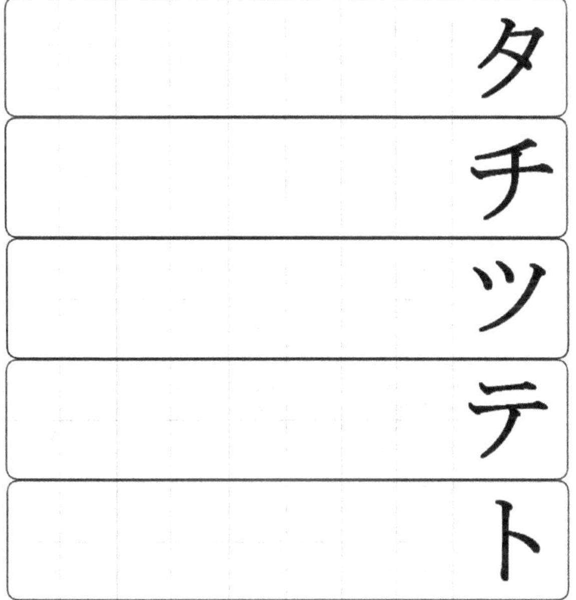

タ
チ
ツ
テ
ト

SA SHI SU SE SO

サシスセソ

RA RI RU RE RO

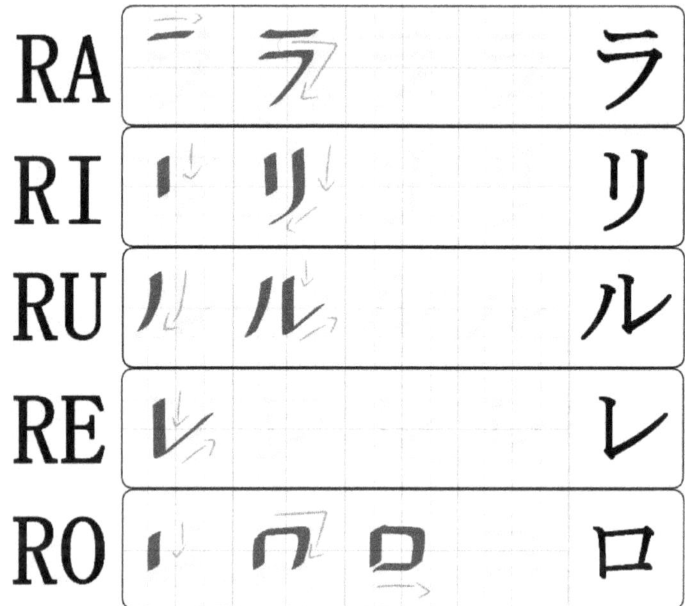

RA	ラ
RI	リ
RU	ル
RE	レ
RO	ロ

ラ
リ
ル
レ
ロ

MA MI MU ME MO

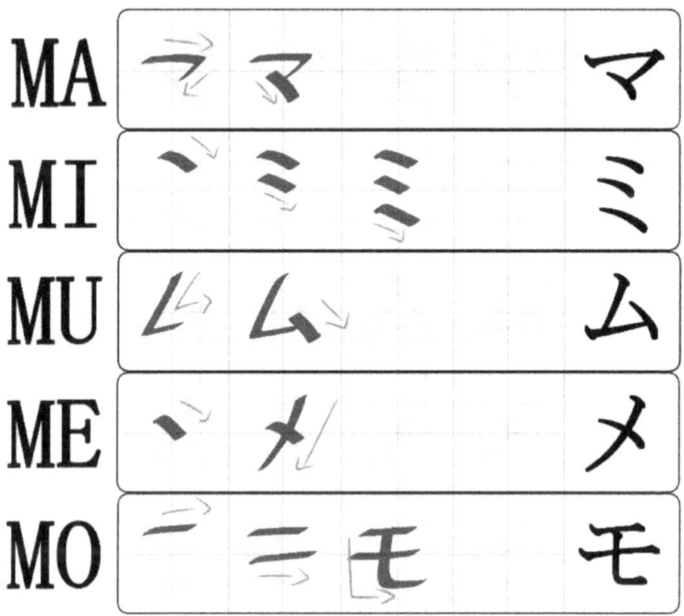

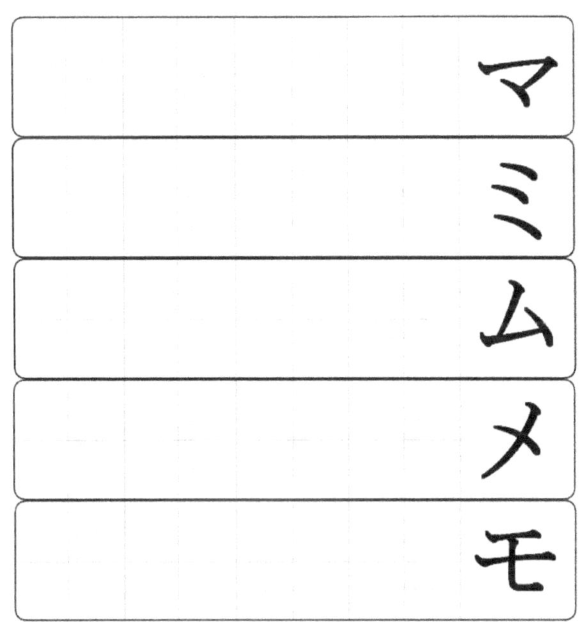

マ

ミ

ム

メ

モ

NA NI NU NE NO

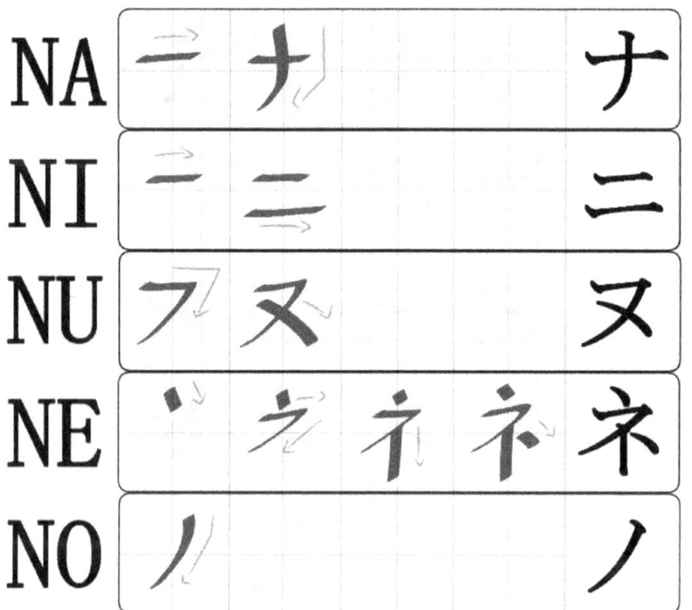

NA	ナ
NI	ニ
NU	ヌ
NE	ネ
NO	ノ

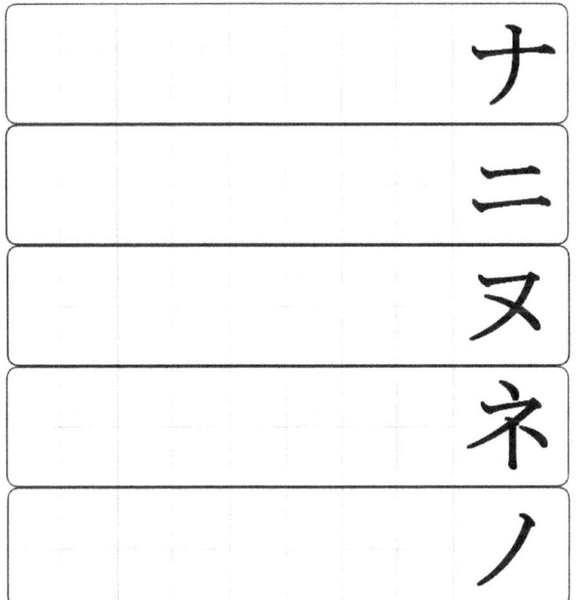

ナ
ニ
ヌ
ネ
ノ

HA HI FU HE HO

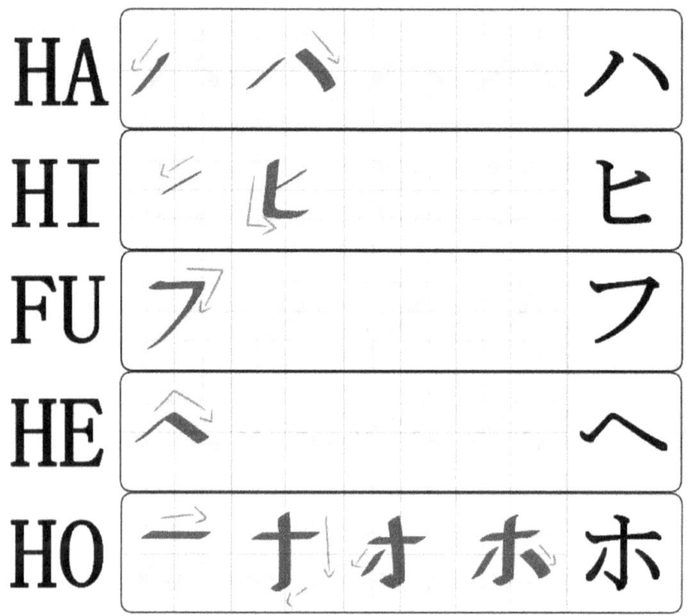

HA	ハ
HI	ヒ
FU	フ
HE	ヘ
HO	ホ

BA	Bi	BU	BE	BO
バ	ビ	ブ	ベ	ボ

PA	Pi	PU	PE	PO
パ	ピ	プ	ペ	ポ

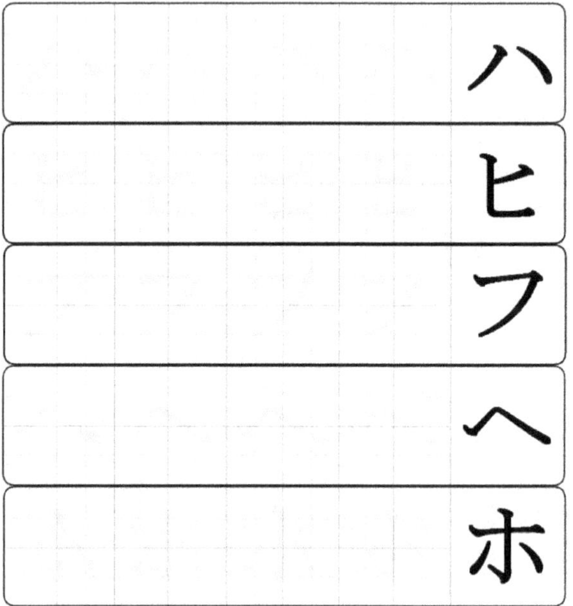

ハ
ヒ
フ
ヘ
ホ

WA WO YA YU YO N

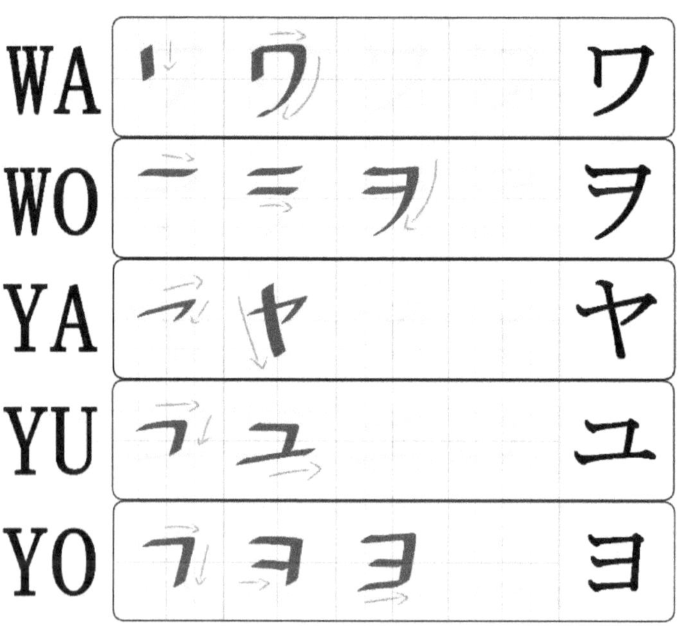

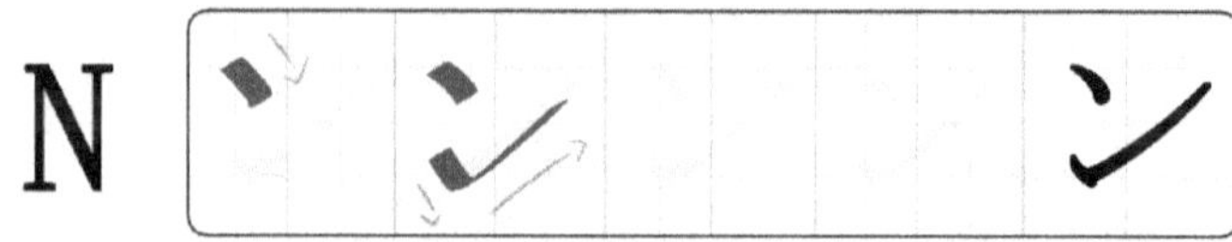

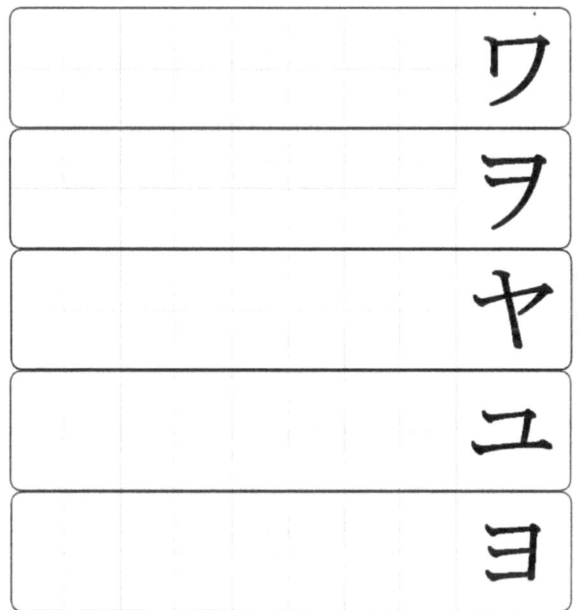

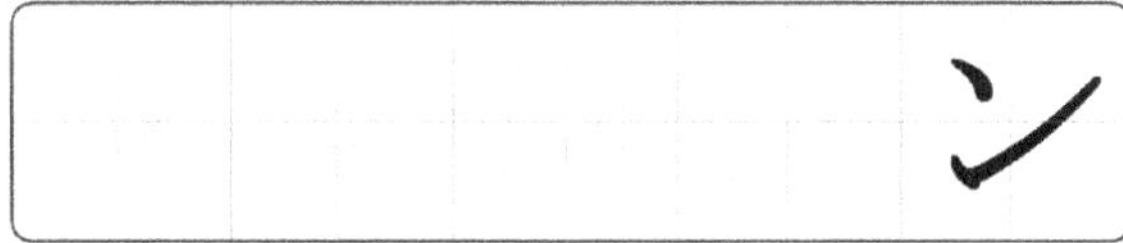